D1062662

Susan B. Anthony
UNA VIDA DE IGUALDAD

por Jennifer Boothroyd

ediciones Lerner • Minneapolis

La edición en español fue realizada por un equipo de traductores nativos de español de translations.com, empresa mundial dedicada a la traducción.

ediciones Lerner
Una división de Lerner Publishing Group
241 First Avenue North
Minneapolis, MN 55401 EUA

Dirección de Internet: www.lernerbooks.com

Las palabras en **negrita** se explican en un glosario en la página 31.

Agradecimientos de fotografías

Las fotografías presentes en este libro se reproducen por cortesía de: © Bettmann/CORBIS, portada, págs. 16, 17, 20; © John Kuntz/The Plain Dealer/ZUMA Press, pág. 4; © Brown Brothers, págs. 7, 11; Biblioteca del Congreso, págs. 8 (LC-USZ62-104627), 14 (LC-USZ62-100971), 18 (LC-USZ62-2023), 22 (LC-USZ62-106109), 25 (LC-USZ62-78691), 26 (LC-USZ62-88973 © Sarah J. Eddy); Biblioteca del Congreso, División de Libros Raros, colección de recortes de Susan B. Anthony, págs. 10 (vol. 8, pág. 147), 21 (vol. 6 (4b), pág. 126); © CORBIS, pág. 12; National Archives, pág. 19; © North Wind Picture Archives, pág. 24, © Jim West, pág. 27.

Library of Congress Cataloging-in-Publication Data

Boothroyd, Jennifer, 1972–
    [Susan B. Anthony. Spanish]
    Susan B. Anthony : una vida de igualdad / por Jennifer Boothroyd.
      p. cm. — (Libros para avanzar)
    Includes index.
    ISBN-13: 978-0-8225-6234-4 (lib. bdg. : alk. paper)
    ISBN-10: 0-8225-6234-0 (lib. bdg. : alk. paper)
    1. Anthony, Susan B. (Susan Brownell), 1820–1906–Juvenile literature. 2. Suffragists–United States–Biography–Juvenile literature. 3. Feminists–United States–Biography–Juvenile literature. 4. Women's rights–United States–Juvenile literature. I. Title. II. Series.
HQ1413.A55B6618 2007
305.42092–dc22   2006006701

Fabricado en los Estados Unidos de América
1 2 3 4 5 6 – JR – 12 11 10 09 08 07

Contenido

Esta mujer recibió una etiqueta adhesiva después de votar.

4

No es justo

¿Has visto mujeres con esta etiqueta? Hace muchos años, las mujeres estadounidenses no podían votar. Susan B. Anthony sabía que no era justo. Trabajó para cambiar la manera en que se trataba a las mujeres.

El padre de Susan les enseñó a sus hijos a ser justos. Se expresó en contra de las leyes injustas.

Daniel Anthony, el padre de Susan

Los niños de esta escuela recibían más atención que las niñas.

Se enteró de que en la escuela de Susan no les enseñaban a las niñas todo lo que les enseñaban a los varones. Fundó una escuela. Allí, los niños y las niñas eran iguales.

Susan era maestra, igual que esta mujer.

Un cambio necesario

Como adulta, Susan sabía que las mujeres recibían un trato distinto del de los hombres. Las mujeres sólo podían trabajar en pocos empleos. A los hombres les pagaban más que a las mujeres por su trabajo. Ella sabía que las cosas tenían que cambiar. Pero, ¿qué podía hacer?

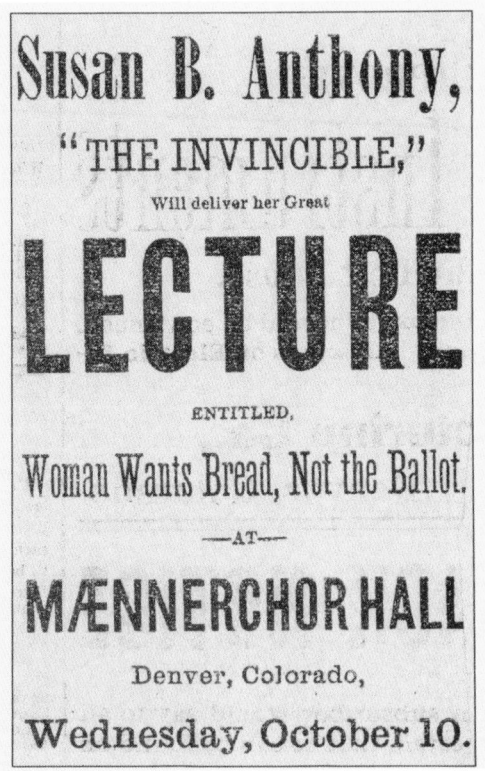

Los periódicos anunciaban los discursos de Susan.

Susan fue a reuniones y dio discursos sobre el trato igual.

Susan conoció a otras personas que pensaban como ella. En una reunión conoció a Elizabeth Cady Stanton. Se hicieron amigas.

Elizabeth y Susan fueron amigas el resto de sus vidas.

Susan fue invitada a un **mitin**. Pidió un turno para hablar. Los encargados le dijeron que las mujeres sólo debían escuchar.

En los mítines se dan muchos discursos.

Susan se sorprendió. ¿Acaso no eran sus palabras e ideas tan importantes como las de ellos?

Estos hombres votan en las elecciones para presidente.

El derecho al voto

Susan y Elizabeth sabían que las leyes tendrían que cambiar para dar a las mujeres los **derechos** que merecían. En los Estados Unidos, las personas votan para decidir las leyes. Pero en esa época, sólo los hombres podían votar. ¡Basta! Las mujeres necesitaban el derecho al voto.

Las amigas se pusieron a trabajar.
Elizabeth era buena escritora y escribió
discursos convincentes.

Susan era buena **oradora**. Viajó por el país para exponer los discursos de Elizabeth.

Las mujeres hablan en los mítines a favor del derecho al voto.

Sus discursos explicaban por qué las mujeres debían tener derecho a votar. Muchas personas estuvieron de acuerdo, pero no la mayoría de los **legisladores**.

Una mujer habla ante legisladores.

New-York, December 26, 1865.

Dear Friend:

As the question of Suffrage is now agitating the public mind, it is the hour for Woman to make her demand.

Propositions have already been made on the floor of Congress to so amend the Constitution as to exclude Women form a voice in the Government.* As this would be to turn the wheels of legislation backward, let the Women of the Nation now unitedly protest against such a desecration of the Constitution, and petition for that right which is at the foundation of all Government, the right of representation.

Send your petition, when signed, to your representative in Congress, at your earliest convenience.

Address all communications to

Standard Office, 48 Beekman St., New York.

In behalf of the National W. R. Com.

E. CADY STANTON,
S. B. ANTHONY,
LUCY STONE.

En una carta, Susan les pide a las mujeres que escriban a los legisladores.

Susan y Elizabeth trabajaban más duro.

Para ganar la atención de más gente, Susan votó en las elecciones para presidente. Era ilegal que las mujeres votaran. Susan fue arrestada y **multada** con $100.

Estas mujeres intentan votar como lo había hecho Susan.

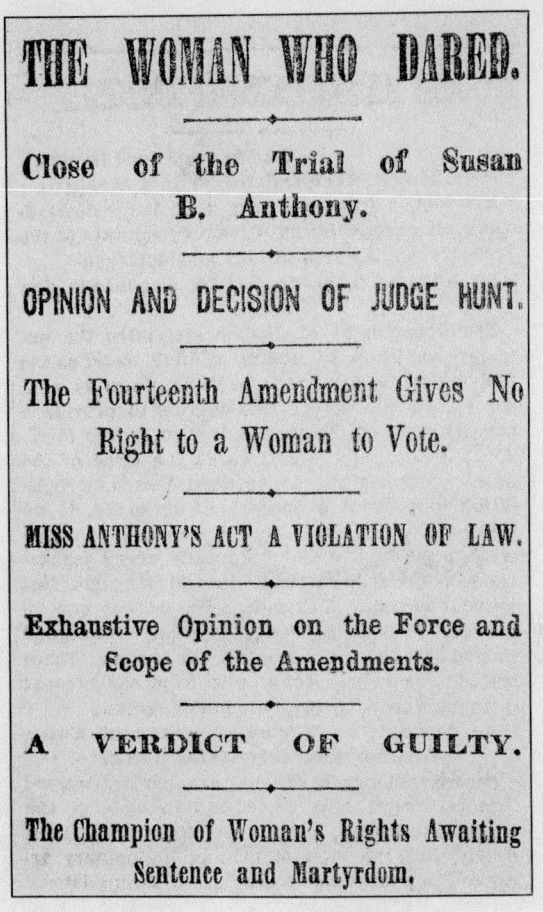

THE WOMAN WHO DARED.

Close of the Trial of Susan B. Anthony.

OPINION AND DECISION OF JUDGE HUNT.

The Fourteenth Amendment Gives No Right to a Woman to Vote.

MISS ANTHONY'S ACT A VIOLATION OF LAW.

Exhaustive Opinion on the Force and Scope of the Amendments.

A VERDICT OF GUILTY.

The Champion of Woman's Rights Awaiting Sentence and Martyrdom.

Gente de todo el país leyó sobre lo que le había sucedido a Susan.

Las mujeres votan en Wyoming.

No rendirse nunca

Susan continuó dando discursos sobre los derechos de la mujer hasta su muerte en 1906. Para esa época, los estados de Wyoming, Colorado, Idaho y Utah habían otorgado a las mujeres el derecho al voto.

Otras mujeres siguieron trabajando a favor de los derechos de la mujer.

En 1913, las mujeres de Nueva York realizaron una marcha a favor del derecho al voto.

Todas las mujeres de los Estados Unidos
obtuvieron el derecho al voto.

En 1920, el gobierno **otorgó** a todas
las mujeres el derecho al voto. El
trabajo de Susan por fin había terminado.

Susan B. Anthony creía en la **igualdad**. Quería que los hombres y las mujeres tuvieran los mismos derechos.

Una mujer deposita su voto.

Su trabajo contribuyó a que las mujeres tuvieran muchos de los derechos de los que gozan hoy.

CRONOLOGÍA DE SUSAN B. ANTHONY

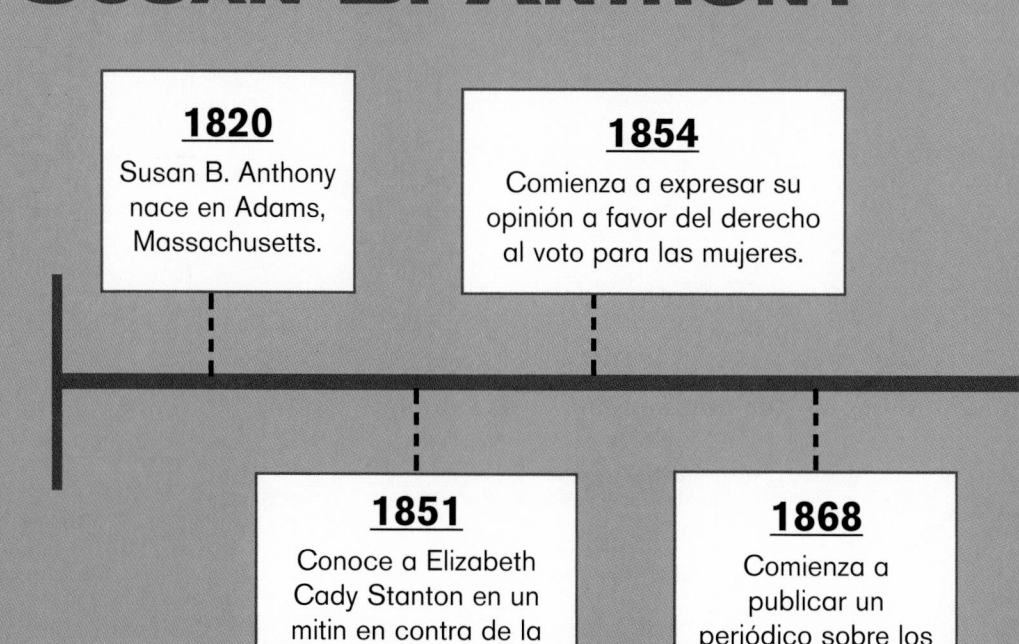

1820
Susan B. Anthony nace en Adams, Massachusetts.

1854
Comienza a expresar su opinión a favor del derecho al voto para las mujeres.

1851
Conoce a Elizabeth Cady Stanton en un mitin en contra de la esclavitud.

1868
Comienza a publicar un periódico sobre los derechos de las mujeres.

1872
Es arrestada por votar en las elecciones para presidente.

1906
Susan B. Anthony muere.

1887
Se convierte en vicepresidenta de la Asociación Nacional Estadounidense para el Sufragio de la Mujer.

1920
La 19ª Enmienda de la Constitución de los Estados Unidos otorga el derecho al voto a todas las mujeres estadounidenses mayores de 21 años.

Más sobre Susan B. Anthony

● Susan también dio discursos contra la esclavitud. Cuando se abolió la esclavitud, trabajó para que los ex esclavos tuvieran los mismos derechos que los blancos.

● Susan hizo un trato con la Universidad de Rochester en Nueva York. Ella conseguía dinero para la universidad a fin de que admitieran estudiantes mujeres. Susan dio mucho de su propio dinero.

● En 1979, Estados Unidos creó un dólar de plata para conmemorar a Susan B. Anthony. La moneda es similar en tamaño a la de 25 centavos, pero tiene 11 lados.

Sitios Web

Library of Congress
http://www.americaslibrary.gov/jb/gilded/jb_gilded_susanb_1.html

Susan B. Anthony House Organization
http://www.susanbanthonyhouse.org

Winning The Vote
http://www.winningthevote.org

Glosario

derechos: poder para hacer algo

igualdad: tratar a todas las personas por igual

legisladores: personas que hacen las leyes

mitin: gran reunión realizada para apoyar una causa

multar: indicar el pago de dinero por violar una ley

orador: persona que habla ante grandes grupos de personas

otorgar: dar o permitir

Índice